8.ª edición

Las divertidas aventuras de las letras

Cuentos de la A a la Z

Cuentos: Pilar López Ávila

Dibujos: Mª Luisa Torcida

Bruño

A B C Ch D

E F G H I J K

L Ll M N Ñ

O P Q R S T

U V W X Y Z

La A aventurera

La A es la más aventurera
de todas las letras.

Donde haya acción...
¡allí está ella!

Aa

Hoy, la A se ha puesto una gorra
para que el sol no le dé en la cara
y se ha ido a pasear
por la selva africana.

Allí hay muchos árboles
de grandes ramas y aves rarísimas
con preciosas alas.

La A va caminando, caminando... y
de pronto escucha un grito de espanto:

—¡AAAAAAHHHH, QUE UNA ARAÑA
ME QUIERE MERENDAAAAAAAR!

¡Es un escarabajo
atrapado
en una telaraña!

La A ayuda a escapar al escarabajo,
pero de repente... ¡aparece la araña!

Y no es una araña normal, ¡qué va!

¡Es la araña más grande
que has visto jamás!

Aa

—Soy la araña Patraña —dice—,
y hoy me pienso merendar...
¡un escarabajo y una letra A!
¡ÑAM-ÑAAAAM!

La A y el escarabajo salen corriendo y la araña Patraña se lanza tras ellos...

¡Menos mal que el escarabajo
abre sus alas y echa a volar
con la A sujeta entre sus patas!

Así, la A aventurera y su nuevo
amigo logran escapar, y la araña
Patraña... ¡se queda sin merendar!

Aa

A B C Ch D
E F G H I J K
L Ll M N Ñ
O P Q R S T
U V W X Y Z

Bb

El bizcocho de la B

La letra B tiene un poco
de barriga porque se pasa comiendo
todo el día.

Bb

Hoy acaba de hacer un bizcocho,
pero cuando se sienta
a comérselo junto a la ventana...
pasa un labrador y le pide
un trozo.

Bb

La B se lo da y, a cambio,
el labrador le regala un saquito
de garbanzos.

Al rato pasa una cabra y también le pide un trozo de bizcocho.

Bb

La B se lo da y, a cambio,
la cabra le regala una botella
de leche.

Después pasa un barrendero
y también le pide un trozo
de bizcocho.

La B se lo da y,
a cambio, el barrendero
le barre toda la casa
y la deja más
brillante que
un diamante.

Bb

La B por fin va a comerse
un trozo del bizcocho cuando pasa
una gallina que tiene mucha hambre.

La B le da un trozo de bizcocho y,
a cambio, la gallina le regala
un huevo blanco.

Ya es casi de noche
cuando un burro
que viene hambriento del trabajo
le pide a la B el último trozo
de bizcocho que le queda.

Bb

La B se lo da y, a cambio,
¡el burro la besa!

La B se ha quedado sin bizcocho,
pero...

—¡No me importa! —dice contenta—,
porque a cambio tengo
un saquito de garbanzos,
una botella de leche,
la casa bien barrida,
un huevo blanco y,
para acabar..., ¡un beso de burro
que me ha sabido genial!

Bb

A B C Ch D
E F G H I J K
L Ll M N Ñ
O P Q R S T
U V W X Y Z

La C cuentacuentos

La letra C es una cuentacuentos fantástica.

¡Siempre le cuenta un cuento a todo el que quiera escucharla!

Cc

Hoy, la C se encuentra a sus amigos
el ciempiés y la cabra.

—¡Cuéntanos un cuento antes de irnos
a casa! —le piden.

La C se sienta en un banco
del parque y empieza a contarles...

—Un día conocí a un caracol que vivía en un huerto, sobre una coliflor. Se llamaba Caco, y como a los dos nos encanta hablar, nos pusimos a charlar.

Cc

»De pronto, una vaca se coló
en el huerto...

»La vaca se llamaba Celestina,
y como tenía mucha hambre...
¡se comió los calabacines,
las cebollas y los tomates!

»Caco el caracol y yo charlábamos
tan distraídos que, cuando la vaca
fue a zamparse las coliflores...,
¡nos tragó a nosotros también!

»Entonces Caco
empezó a mover sus
cuernos para hacerle
cosquillas en la garganta
a la vaca.

»Celestina comenzó
a toser, y tosió y tosió...
¡hasta que por fin
expulsó a Caco el caracol!

Cc

Asombrados, el ciempiés y la cabra preguntan a la C:

—¿Y cómo saliste tú de la vaca?

—Yo tardé un ratito más...

—contesta la C—. ¿Os imagináis por dónde escapé?

Cc

A B C Ch D

E F G H I J K

L Ll M N Ñ

O P Q R S T

U V W X Y Z

Los chichones de la Ch

La Ch trabaja en una churrería.

Allí prepara churros y un chocolate para chuparse los dedos.

Ch ch

Hoy, cuando va al trabajo,
la Ch se encuentra a su amiga
la mapache Charo.

—¡Hola, Charo! ¿Te vienes
a la churrería? ¡Te invito
a chocolate con churros!

—¡Pues claro, Ch!
¡Muchas gracias! —dice
la mapache Charo.

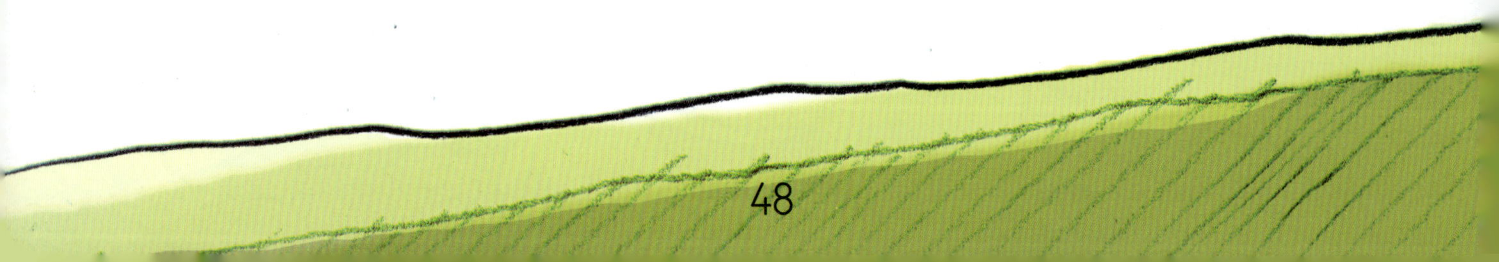

Ch ch

Camino de la churrería,
la Ch y Charo van charlando.

De pronto, un coche viene
lanzado y va a saltarse
un semáforo...

—¡Cuidado, chaval,
que Charo
y yo
vamos
a cruzar!
—chilla la Ch.

Chch

El chico que conduce el coche
intenta frenar...

Ch ch

¡... justo cuando un chucho despistado va a cruzar!

Sin pensarlo dos veces, la valiente Ch corre a rescatarlo.

El chucho se ha salvado, pero el coche choca con la Ch y le da un buen porrazo...

¡La Ch sale volando contra la churrería y le salen churros por las orejas!

Un lechoncito chilla:

—¡A la Ch le han salido dos chichones en la cabeza!

El chico que ha atropellado a la Ch
corre a ayudarla
muy preocupado.

—Tranquilo, chaval —le dice la Ch—.
Solo me he hecho dos chichones
bien grandes, pero a partir de ahora...,

Chch

¡ten mucha más precaución
al volante!

A B C Ch D
E F G H I J K
L Ll M N Ñ
O P Q R S T
U V W X Y Z

La doctora D

La doctora D es dentista.

Cada día abre su consulta
y cura los dientes de la gente.

Dd

Hoy, su primer cliente
es Dino, el dinosaurio.
¡Se le ha torcido
un colmillo!

La D le da
unos golpecitos
con el martillo...

Dd

¡... y pone derecho
el colmillo de Dino!

Después llega el dromedario Dionisio, que viene del desierto y tiene dolor de muelas.

—¡Ay, doctora D! ¡He comido demasiados dátiles! —se queja.

La D le da una pomada para el dolor y le dice:

Dd

—No debes
comer tantos
dulces, Dionisio...
¡Y lávate los dientes
con agua y jabón!

El hada Dalia, que es muy despistada, ¡se ha roto un diente mientras volaba!

La D se lo pega muy bien para que nunca se le vuelva a romper.

Dd

Y Draco, el dragón, se queda
dormido y empieza a roncar
mientras la D le hace
una limpieza dental.

Dd

Ha terminado la consulta por hoy
y la D descansa en un sillón.

De pronto, asoma el ratoncito Pérez
y la D le da un saquito...

¿A que tú sabes lo que contiene?

Dd

A B C Ch D

E F G H I J K

L Ll M N Ñ

O P Q R S T

U V W X Y Z

La E y los elefantes

La E es entrenadora de elefantes.

Hoy les está dando una clase de baile.

Ee

Los elefantes confunden los pasos,
se pisan unos a otros y les da
la risa.

Ee

La E les grita, enfadada:

—¡Empezad otra vez, deprisa!

Para que los elefantes la vean mejor, la E se sube a una escalera.

Pero de repente se le enreda un pie en un escalón... ¡y se cae de cabeza!

Ee

¡Qué mala suerte!

¡La E ha aterrizado sobre un erizo que pasaba por allí tranquilamente!

Ee

—¡Ay, mi espalda! —grita
la E, dolorida—.
¡Me he clavado lo menos
trescientas espinas!

Un elefante llama al hospital
y un enfermero llega enseguida.

—¡Tengo la espalda llena de espinas
de erizo! —se queja la E.

—¡Qué exagerada! Solo han sido
tres —dice el enfermero, y le pone
tres tiritas a la E.

La E se sube a la escalera otra vez...
¡y los elefantes empiezan a bailar bien!

El erizo aplaude entusiasmado,
y la E está tan contenta...

¡... que el dolor se le ha olvidado!

A B C Ch D

E F G H I J K

L Ll M N Ñ

O P Q R S T

U V W X Y Z

La F flautista

La letra F pasea por el campo y,
de pronto, se encuentra una flauta
mágica frente a un árbol.

Ff

Cuando la F sopla la flauta,

suena una música fantástica:

¡FIRULÁ, FIRULÍ!

—¡Me haré flautista! —dice la F,

muy feliz.

Ff

Y la F se
hace tan famosa
como el flautista de Hamelín.

Una noche,
sus vecinos
le piden un favor:

—¡Ayúdanos, F! ¡Las farolas del pueblo se han vuelto chifladas! ¡Están de fiesta y así no hay quien duerma!

Ff

La F ve que
todas las
farolas están
descontroladas:
¡Se encienden
y se apagan
cuando les da
la gana!

Entonces la F coge su flauta mágica

y empieza a tocar: ¡FIRULÍ, FIRULÁ!

Las farolas se ponen firmes.

Ff

¡FIRULÁ, FIRULÍ!

Las farolas se ponen en fila.

Ff

¡FIRULÍ, FIRULÁ!

Las farolas, muy formales,
no se vuelven a apagar.
¡Los vecinos del pueblo
por fin podrán descansar!

Feliz de haber ayudado,
la F flautista sigue tocando
así:

¡FIRULÍ, FIRULÁ!

¡FIRULÁ, FIRULÍ!

Ff

A B C Ch D

E F **G** H I J K

L Ll M N Ñ

O P Q R S T

U V W X Y Z

Gg

La granja de la G

En la granja de la letra G
no se crían gallinas ni gansos.

En la granja de la G
se crían gamusinos...

¡Sí, sí, gamusinos, no te engaño!

Gg

La G los vende por kilos y por gramos.

La gente va a la granja y le dice:

—Quiero un kilo de gamusinos.

O también:

—A mí ponme doscientos gramos.

Gg

Pero, en realidad, los gamusinos
son un gran misterio...
Aparte de la G,
¡nadie puede verlos!

Algunos dicen
que son como gambas,
pero con los bigotes más largos.

Otros dicen que son más pequeños que un águila y más grandes que un gato, o sea: más o menos del tamaño de un pingüino mediano.

Gg

La G, que los conoce bien, sabe que
los gamusinos son muy golosos,
y por eso a veces les da galletas,
gusanitos y granizados de coco.

También sabe que les gusta contar
chistes, jugar al golf y gritar
de alegría cuando marcan un gol.

Gg

Los gamusinos son geniales,
pero si le preguntas a la G
cómo son, ella siempre
te contestará lo mismo:

—¡Eso depende de tu imaginación,
amigo mío!

Gg

A B C Ch D

E F G H I J K

L Ll M N Ñ

O P Q R S T

U V W X Y Z

El hipo de la H

La letra H
es un hada muy
hermosa y buena.

Hh

Hoy, después de desayunar, a la H le ha entrado hipo. ¡La pobre lleva toda la mañana haciendo: «HIP, HIP»!

Sus amigos han venido
a ayudarla.

El hipopótamo le dice que se beba de un trago toda el agua del río.

Y la H se bebe el río..., ¡pero no se le quita el hipo!

La hormiga saca de su hormiguero
unas hierbas para que las mastique.

Y la H mastica y mastica...,
¡pero no se le quita el hipo!

La hiena le dice que se beba un vaso de horchata con mucho hielo, pero...

—¡HIP, HIP, ATCHÍÍÍÍÍÍSSSSS!

Hh

¡La H coge un resfriado porque está muy frío!

¡Pobre hada! ¡Está muy malhumorada!

El búho, que vive en el hueco
de un árbol, da con la solución:

—¿Acaso no eres un hada?
—le pregunta a la H.

—¡HIP, HIP! ¡Pues claro que lo soy!

—¡Entonces usa tu varita mágica!

—¡Es verdad! —dice la H—. ¡HIP, HIP!
¡Qué despistada!

La H agita su varita... ¡y el hipo
desaparece por arte de magia!

Hh

—¡Gracias por ayudarme! —les dice la hermosa hada H a sus amigos—. ¡Os invito a merendar conmigo!

Hh

A B C Ch D

E F G H I J K

L Ll M N Ñ

O P Q R S T

U V W X Y Z

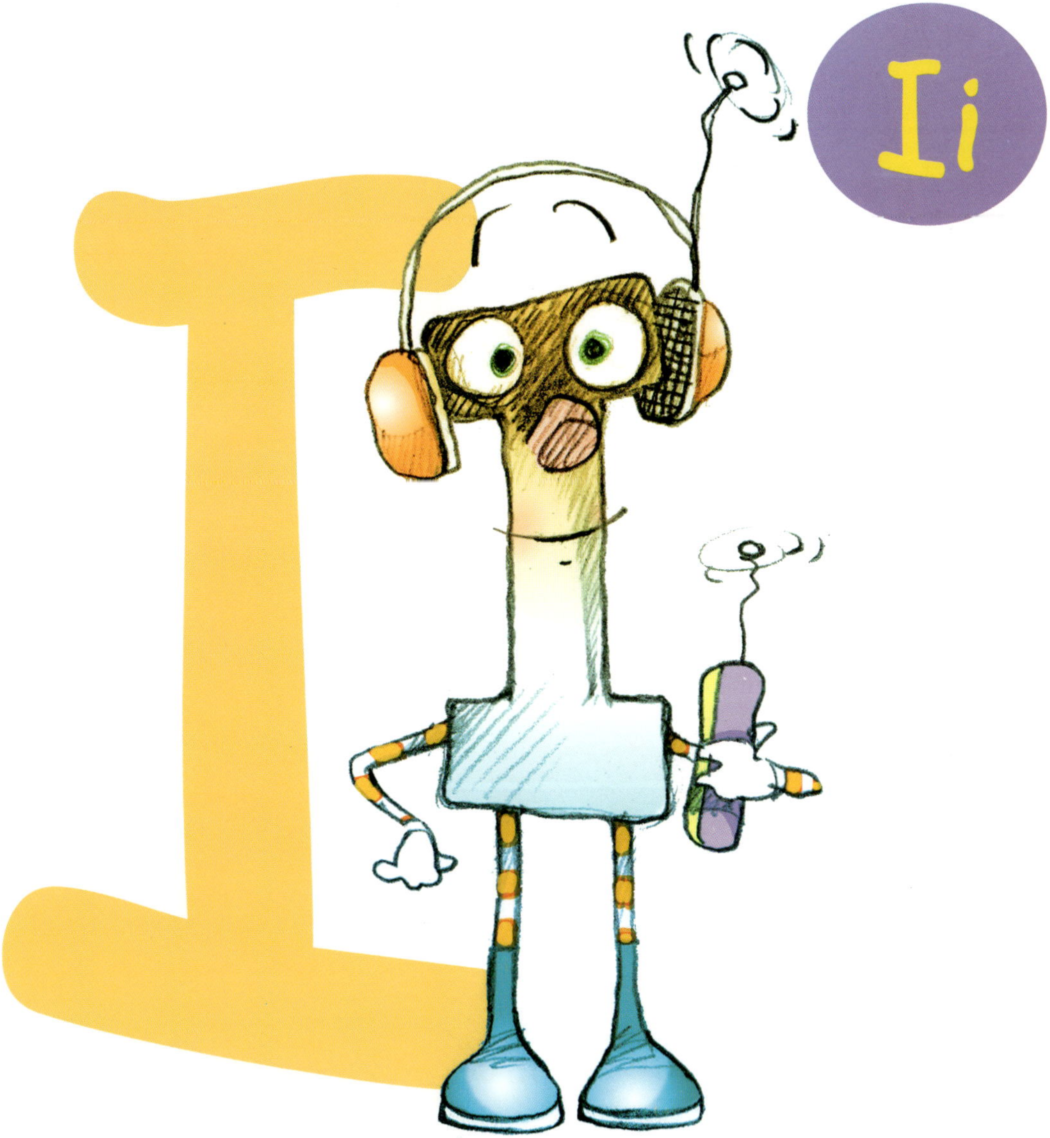

Los inventos de la I

La I es una letra tan delgadita y sencilla, que a veces la confunden con un palo... o con una cerilla.

También es muy inteligente y tiene una imaginación maravillosa.

¡Y es que la I es inventora!

Ii

Para que la luna y las estrellas no se apaguen por el día, la I les ha puesto un interruptor... ¡y ahora siempre están encendidas!

Ii

Y como a la I le gusta mucho tomar
el sol, ha inventado una isla desierta,
pero no una isla cualquiera...

¡Es una isla hinchable!

¡Se infla con aire!

Esa isla
se puede
llevar en
el bolsillo,
y cuando
se hincha...

Ii

¡... se convierte en una isla gigante!

La I

pone su isla

en medio del

mar y se tumba

al sol tan tranquila, saboreando

un riquísimo batido de mandarina.

Pero de pronto... un erizo de mar
se sube a la isla y, sin querer,
¡la pincha con sus espinas!

Ii

¡FIIIIIIIIIIIISH!

¡La isla se desinfla!

—¡No hay que preocuparse! —dice la I—.
¡También he inventado una bici hinchable!

Entonces la I saca la bici del bolsillo, la infla y empieza a pedalear tan feliz sobre las olas.

¡Qué lista es
la I inventora!

Ii

A B C Ch D
E F G H I J K
L Ll M N Ñ
O P Q R S T
U V W X Y Z

Jj

El jardín de la J

La letra J es larga y delgada
como una manguera.

¡Y también es una gran jardinera!

Cada día, los pájaros cantan
al verla salir al jardín, y las abejas
juegan entre las rosas, el naranjo
y el jazmín.

Jj

El jueves pasado, a la J le pasó algo mágico... Una jirafa viajera se asomó a su jardín, le regaló una semilla de judía y le dijo así:

—Si plantas esta semilla, conseguirás un tesoro... ¡Ya verás qué maravilla!

Jj

La jirafa viajera se fue
y la J jamás la volvió a ver.

La J plantó la semilla y empezó
a regarla todos los días.

Jj

La planta de judía
creció y creció...

¡Se hizo tan alta que
hasta las nubes llegó!

La J decidió trepar por la planta de judía.

¡Quería saber qué tesoro conseguiría!

Jj

Subió y subió
por el tallo,
y entre
las hojas
veía el suelo
cada vez más lejano.

Por fin, la J llegó a lo más alto
de la planta de judía.

¡Casi se podía tocar
el cielo desde
allí arriba!

Jj

Pero lo

mejor fue

cuando la J miró

hacia abajo...

A lo lejos, su jardín

brillaba al sol como

si fuera la joya

más lujosa.

Jj

—¡Yujuuu! ¡Mi jardín
es mi mejor tesoro!
—exclamó la J.

A B C Ch D

E F G H I J K

L Ll M N Ñ

O P Q R S T

U V W X Y Z

El secreto de la K

La letra K es karateka.

—¡KIAAAAA! —grita la K

cuando se entrena.

Kk

Además del kárate, a la K
le encantan los kikos,
los kiwis y las pelis de vikingos.

¡Ah, y también tiene
un secreto gordísimo!

Hoy, la K ha ido a comprar kril.

¿Que no sabes lo que es el kril?
Pues forma parte del secreto de la K...

Te lo voy a contar.

En su jardín, la K tiene una piscina
kilométrica llena de agua de mar,
y allí dentro vive su secreto...:

¡Su amiga, la ballena Kasandra!

Kasandra es una enorme ballena azul que come kilos y kilos de kril todos los días.

El kril está formado por unas gambas muy pequeñitas.

La K ha sacado una tele al jardín, y mientras ven pelis de vikingos, Kasandra come kril y la K come kiwis y kikos.

Kk

Por la noche, Kasandra canta bajo el agua mientras la K practica kárate al borde de la piscina.

Kk

La canción de Kasandra
se oye a kilómetros de distancia,
y al final..., ¡la K se queda dormida
escuchándola!

Kk

A B C Ch D

E F G H I J K

L Ll M N Ñ

O P Q R S T

U V W X Y Z

Ll

L

La L y la luna

La letra L es una gran lectora:
lee y lee a todas horas.

También es muy delgada
y larguirucha... ¡y quiere ser
tan alta como la luna!

Ll

Una noche, la L levanta los ojos de su libro y mira por la ventana:

—¡Ay, quisiera ser tan alta como la luna! —suspira, ilusionada.

Entonces se le ocurren mil ideas fantásticas...

La L forma una torre de libros,
trepa a lo alto y salta
levantando mucho
los brazos...

Ll

Pero la luna
está muy lejos
y la L acaba...

¡colgando
de un árbol!

Ll

La L se sube
a la trompa
de un elefante
y se estiiiira y se estiiiira...
¡Pero la luna está
lejísimos todavía!

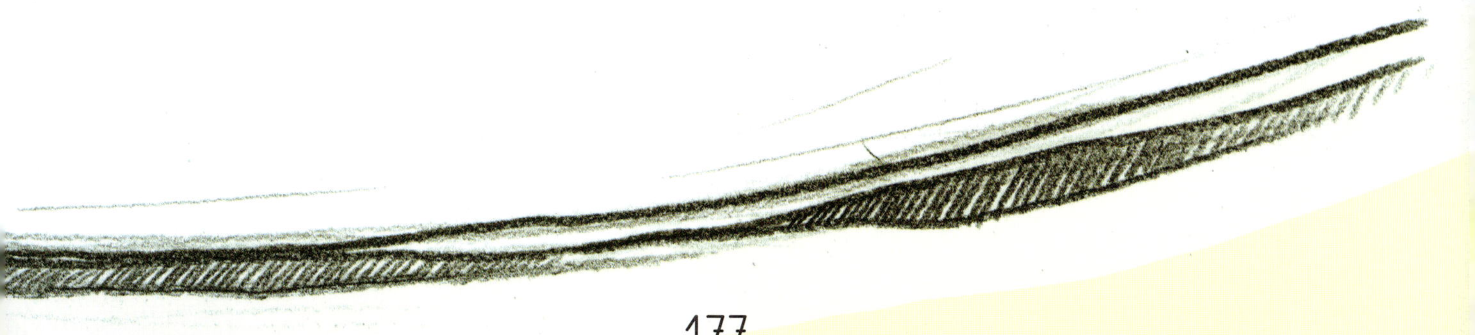

La L prueba con una escalera muy larga... ¡Pero la luna está muy lejos y los escalones se le acaban!

La pobre L lo intenta todo: Escala una montaña altísima...

Ll

Salta desde
un trampolín...

Sube a un rascacielos...

¡Pero la luna sigue
estando muy lejos!

La L hace su último intento:

Se mete en un cañón de circo y... ¡BUM!

¡Sale volando como una bala
hacia el cielo!

LI

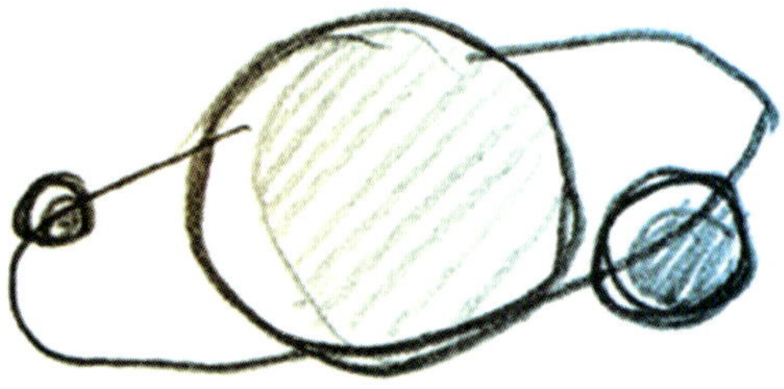

¡La L lo ha
logrado por fin!
¡Ya es tan alta
como la luna!
¡Se siente feliz!

Lo malo es que a la L
se le ha olvidado algo...

¿Cómo va a bajarse ahora de allí?

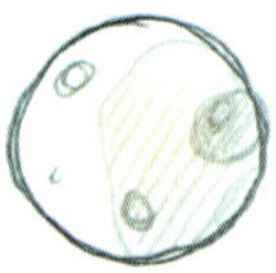

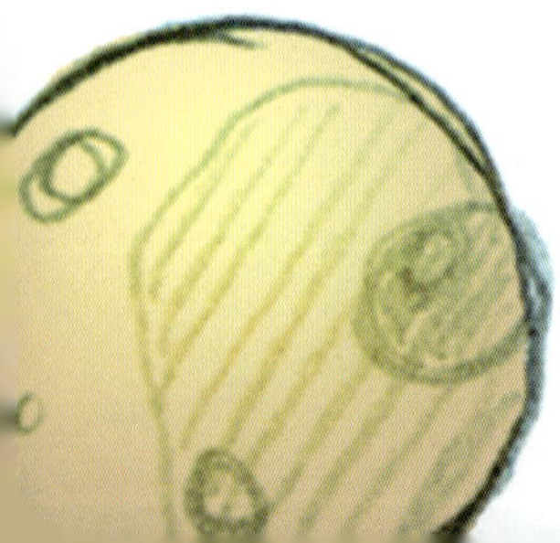

Ll

A B C Ch D

E F G H I J K

L Ll M N Ñ

O P Q R S T

U V W X Y Z

La Ll llorica

La Ll está formada
por dos eles
muy juntitas,
y sirve para
escribir:
«Llave», «camello»,
«bombilla»...

Pero como «Llorar»
también se escribe
con Ll..., ¡la Ll es
un poco llorica!

Ll ll

La Ll se pone
las zapatillas y sale
a la calle, pero nada más pisar
el bordillo... ¡PATAPLOFFF!
¡Pierde el equilibrio!

—¡Ay, ay, mi rodilla! —chilla
la Ll, y se echa a llorar—:
¡Buaaa, buaaa, buaaaaaa!

—¡No seas llorica! —le dice su amigo el grillo—. Toma estas avellanas. ¡Verás qué ricas!

La Ll deja de llorar y le da las gracias al grillo, pero al llegar a una obra...

¡PATAPLOFFF!

¡Tropieza con un ladrillo!

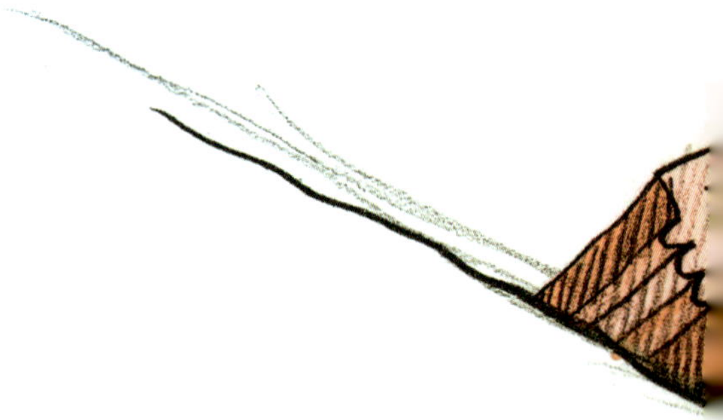

—¡Ay, ay, mi tobillo! —chilla la Ll, y se echa a llorar—: ¡Buaaa, buaaa, buaaaaaa!

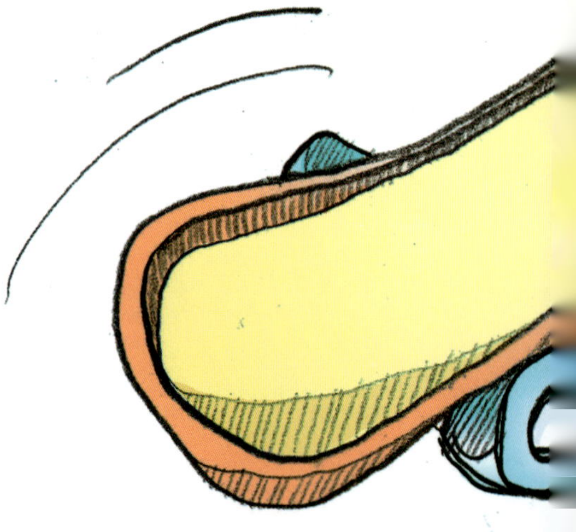

—¡No seas llorica! —le dice su amiga la gallina—. Toma estas bellotas. ¡Verás qué ricas!

La Ll deja de llorar y le da las gracias
a la gallina, pero de pronto empieza a
llover un montón y... ¡PATAPLOFFF!
¡La Ll da un resbalón!

—¡Ay, ay, mis costillas! —chilla
la Ll, y se echa a llorar—:
¡Buaaa, buaaa,
buaaaaaa!

Ll ll

—¡No seas llorica! —le dice su amiga la ardilla—. Toma un poco de paella. ¡Verás qué rica!

La Ll deja de llorar, le da las gracias a la ardilla...

... y por fin llega
a una conclusión muy sencilla...

—Me he caído tres veces,
pero ya no me duele,
y es maravilloso ver
que mis amigos
me quieren...
Aunque «Llorar»
se escriba con Ll,
ya no pienso ser
llorica, que la Ll
también sirve...
¡para escribir
«cosquillas»!

Ll ll

A B C Ch D

E F G H I J K

L Ll **M** N Ñ

O P Q R S T

U V W X Y Z

La magia de la M

La letra M tiene las piernas
tan largas que, de lejos,
¡parece una montaña!

Siempre lleva un sombrero
de copa y una varita mágica.

Y es que la M es una maga.

Ahora mismo, la M está haciendo
un maravilloso espectáculo de magia.

Mete en su sombrero una morcilla...
¡y salen mariposas amarillas!

Mm

Mete una manzana colorada...
¡y saca un melón
de piel arrugada!

Mm

Toca con su varita mágica
una margarita... ¡y la convierte
en una mariquita!

El espectáculo ya va a terminar
y la M prepara su truco final.

Pide que salga a ayudarla un niño,
y sube al escenario Manolito.

La M pide al público que, cuando cuente hasta tres, griten a la vez:

—¡Cómo mola la M maga!

Y cuando el público obedece,

Manolito se vuelve invisible...

Mm

¡... y desaparece!

—¿Dónde está mi hijito? —le pregunta a la M la mamá de Manolito.

Entonces una vocecita dice:

—¡Hola, mamá! ¡Ahora soy
una mosca y me encanta volar!

El público aplaude
entusiasmado... menos la mamá
de Manolito, ¡que se ha desmayado!

A B C Ch D
E F G H I J K
L Ll M N Ñ
O P Q R S T
U V W X Y Z

La N y la naturaleza

La letra N tiene forma de montaña rusa... ¡y es una nadadora estupenda!

Además, le encanta la naturaleza.

Nn

La N mete en
su mochila una
naranja y cinco nueces
para la merienda y sale
de excursión tan contenta.

Lo va observando todo con gran
atención mientras anda:

Los insectos, los nidos de los pájaros,
las nubes, las plantas...

De pronto, la N encuentra un río estupendo para nadar.

En la otra orilla, ¡una familia de nutrias la espera para jugar!

Nn

La N no se lo piensa más:
se lanza al río y comienza
a nadar.

¡La muy imprudente no se ha dado
cuenta de lo tremenda que es
la corriente!

Nn

La N nada y nada,
pero al poco rato
ya está agotada y el río
la arrastra...

De repente, una joven nutria se lanza al río para salvarla.

La corriente es muy fuerte...

Nn

¡... pero la nutria es aún mejor nadadora que la N!

Por fin a salvo en la orilla,
la N comparte su merienda
con la nutria y su familia.

¡La naranja y las nueces
están riquísimas!

Nn

Después del susto, la N tiene muy clara una idea:

—Disfrutar de la naturaleza es genial..., ¡pero sin cometer imprudencias!

A B C Ch D

E F G H I J K

L Ll M N Ñ

O P Q R S T

U V W X Y Z

Ññ

El moño de la Ñ

La letra Ñ es una N que lleva moño.

Es diseñadora de moda,

le encantan los buñuelos...

¡y pescar con caña!

Una mañana,
la Ñ sale de paseo...
¡y el viento le quita el moño
de un soplido tremendo!

Ññ

La Ñ, que no se ha dado cuenta,
entra en una tienda a comprarse
una caña nueva:

—¿Me da una *cana*,
por favor?

El dependiente, muy risueño, se arranca un pelo blanco de la cabeza y se lo da a la Ñ.

—¿Me toma el pelo, senor? —gruñe la Ñ.

—No, señora. Es que, como ha perdido el moño..., ¡habla usted como una N!

La Ñ se toca el coco y, extrañada, ¡comprueba que no tiene moño!

—Pero..., ¿quién se ha llevado mi mono? —grita, enfurruñada.

La Ñ sale a la calle y busca su moño por todas partes: en el puesto de castañas, en el nido de la cigüeña, entre unas telarañas..., ¡hasta en el pañal de un niño!

Pero ni rastro del moño.

—¡Que me devuelvan mi mono! —gruñe la Ñ, levantando el puño.

Por fin, el viento vuelve
a poner el moño en el coco de la Ñ.

—¡He recuperado mi moño!
¡Ya no soy una N! —exclama la Ñ
muy alegre.

Ññ

Entonces vuelve a la tienda y le dice al dependiente:

—¡Deme ahora esa caña, que vuelvo a ser la Ñ!

Ññ

A B C Ch D

E F G H I J K

L Ll M N Ñ

O P Q R S T

U V W X Y Z

La rosquilla de la O

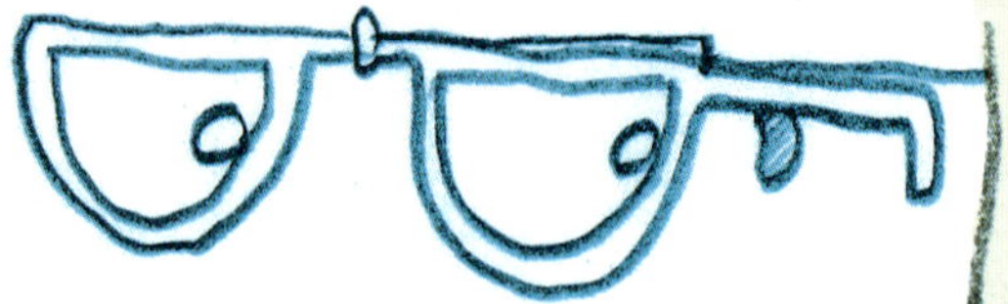

La letra O es oculista, pero como es tan redonda que parece una rosquilla..., ¡resulta que muchos quieren comérsela cuando van a su consulta!

—¡Porompompero, porompompón! —canta la O mientras atiende al primer paciente de hoy.

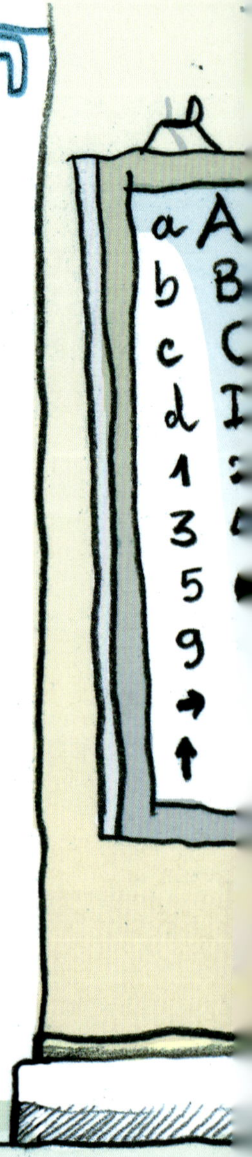

Oo

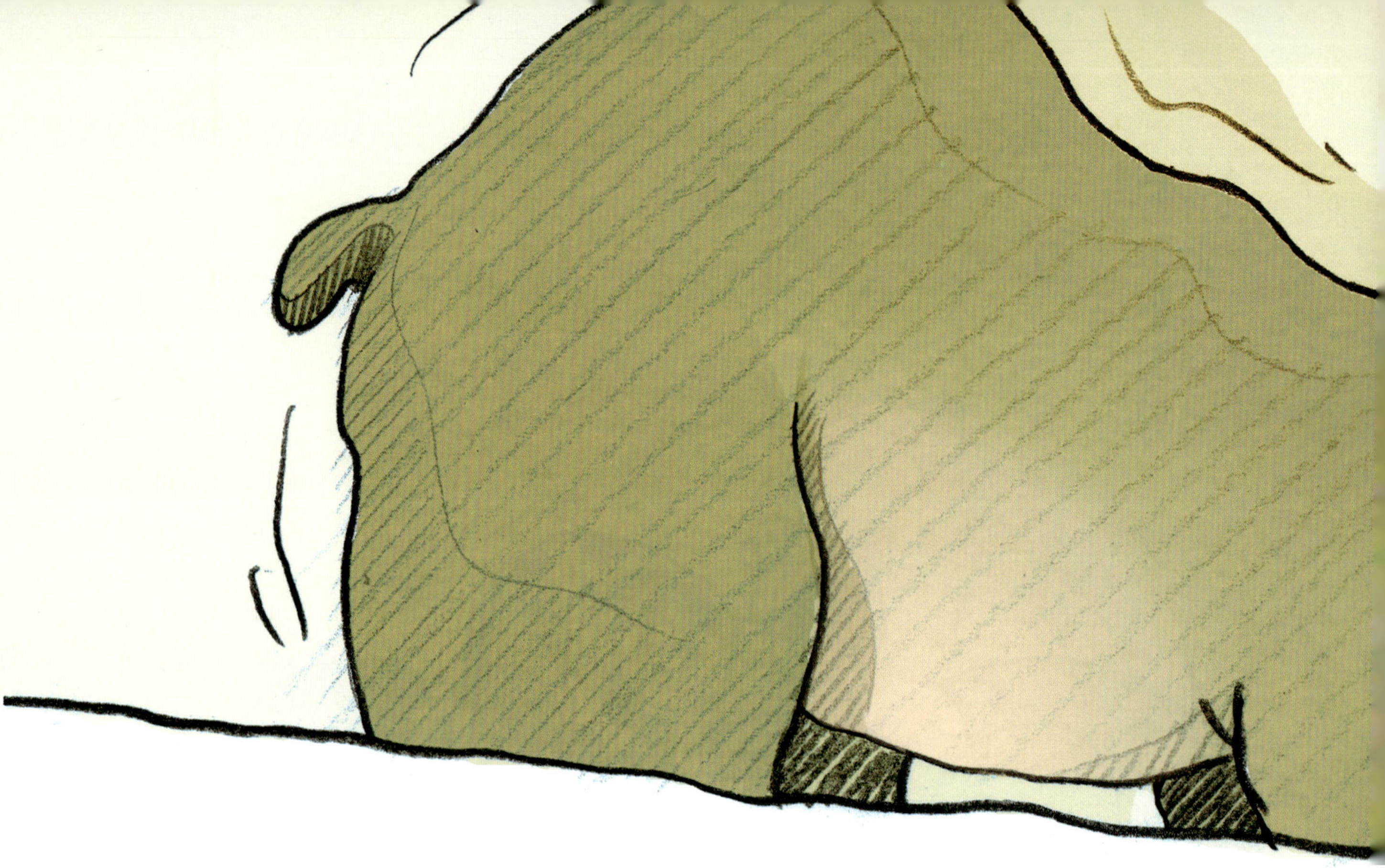

Un oso entra en la consulta,
y nada más ver a la O, exclama:

—¡Ven aquí, rosquilla,
que te dé un mordisco!

—¡Que no soy una rosquilla, jo!
—contesta ella—. ¡Que soy la letra O!

—¡Oh, perdón! —dice el oso glotón.

El tercer paciente
es un ogro, y nada
más ver a la O,
exclama:

—¡Qué hambre
tengo, rosquilla!
¡Deja que te coma
un poquito!

Oo

—¡Que no soy una rosquilla,
jo! —contesta ella—.
¡Que soy la letra O!

—¡Oh, perdón! —dice
el ogro glotón.

El cuarto paciente es el Lobo Feroz,
y nada más ver a la O, exclama:

—¡Llevo sin comer todo el día!
¿Te puedo dar un bocado,
rosquilla?

—¡Que no soy una rosquilla, jo!
—contesta ella—. ¡Que soy
la letra O!

—Pues yo solo veo una rosquilla muy redonda… —dice el Lobo Feroz, abriendo mucho la boca.

Oo

¡La pobre O tiene que salir pitando
o el Lobo Feroz se la acabará
zampando!

—¡Ser como una rosquilla por fin
me sirve de algo! —dice la O...
¡mientras escapa rodando!

Oo

A B C Ch D

E F G H I J K

L Ll M N Ñ

O P Q R S T

U V W X Y Z

La P pirata

La letra P es una pirata
que navega por los siete
mares en su barco de vela.

Su aspecto da mucho miedo:
tiene un parche en un ojo
y una pata de palo, y lleva
espada, pistola y sombrero
con una pluma
de papagayo.

Pp

Su tripulación está compuesta por Pit el Pelirrojo, Pati la Patosa, Pancho el Pelopincho y Pipa la Pequeña.

Pp

La P tiene un mapa del tesoro,
y con él piensa encontrar enterradas
en una isla... ¡un montón de pepitas
de oro!

La P y su tripulación pirata
llegan a la isla y leen el mapa:

Veinte pasos al norte, cinco pasos
al este, diez pasos al sur
y un paso al oeste.

Pp

Los piratas siguen
las instrucciones, pero...

—¡AHHHHHHH!

Caen por un precipicio y...

¡PLAFFFF!

¡Aterrizan al pie
de una palmera!

Pp

La P y sus piratas empiezan
a cavar con picos y palas,
y de pronto...

¡PLOPPP!
¡Se topan con el cofre del tesoro!
¡PIM, PAM, PUM! De tres pistoletazos,
la P abre la cerradura.
La tripulación tiembla de emoción...

Pp

El cofre del tesoro
está lleno
de pepitas, sí,
pero son...

¡... de sandía y de melón...!

—¡Ohhhh! ¡Qué decepción!

A B C Ch D
E F G H I J K
L Ll M N Ñ
O P Q R S T
U V W X Y Z

Los quesos de la Q

La letra Q es como una O
que lleva bastón.
Cada día, la Q fabrica
quesos riquísimos
en su quesería.

Qq

—¡Quiquiriquí! —canta el gallo, y la Q se levanta de la cama de un salto.

—¿Qué pedidos hay para hoy? —le pregunta a su ayudante la mariquita.

—Quince quesos grandes, quince pequeños... ¡y quinientos quesitos tiernos! —se queja la mariquita, agobiada.

—No te preocupes, querida
—la tranquiliza la Q—. Con ayuda de nuestra máquina... ¡estarán listos enseguida!

Y es que la Q tiene una máquina mágica que, con solo pulsar un botón, prepara los quesos más ricos del mundo... ¡incluido el requesón!

Qa

Antes de empezar a trabajar, la Q
y la mariquita se ponen el delantal.

—¡Marchando quince quesos grandes!
—dice la Q, pulsando un botón
naranja.

Y quince quesos enormes salen
de la máquina como
por arte de magia.

Qq

—¡Marchando quince quesos pequeños! —dice la Q, pulsando un botón negro.

Y quince quesos diminutos salen de la máquina en menos de un minuto.

Qq

La mariquita también
quiere colaborar:

—¡Marchando quinientos quesitos!

Pero se equivoca y pulsa
el botón amarillo...

—Tranquila, no pasa nada —le dice la Q—. Ahora tendremos mantequilla... ¡para quinientas tostadas!

Qq

A B C Ch D

E F G H I J K

Ll L M N Ñ

O P Q **R** S T

U V W X Y Z

Rr

La R y el ratón

La R es una letra muy ruidosa.

¡Toca la guitarra eléctrica
en una banda de rock!

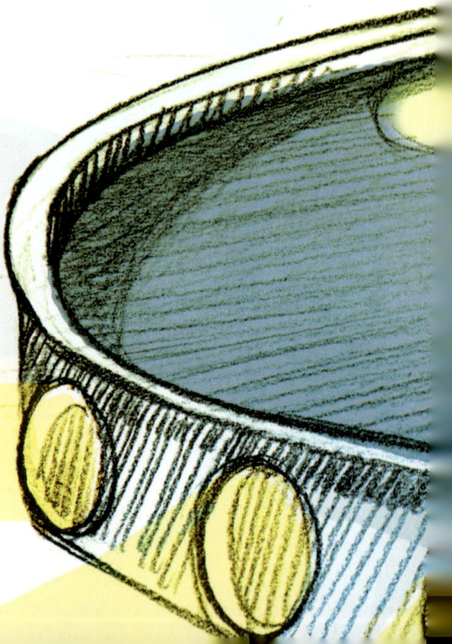

Rr

Una noche, la R roquera roncaba
tan fuerte que parecía un león,
y de repente, un ratón entró
por la puerta de la habitación.

El ratón estaba muerto de hambre
y tenía más frío que un congelador.

Rr

El ratón empezó
a roer la ropa
de la R...

Primero probó un
botón, pero como
estaba tan duro
y no sabía a nada,
lo escupió.

Rr

Entonces el ratón notó que
desde los pies de la R subía
un riquísimo olor a queso...

Se metió entre las sábanas
y se puso a morderle
a la R el dedo gordo
del pie izquierdo.

Rr

La R roquera paró de roncar
y se despertó. ¡Sentía un horrible
dolor!

Y al ver al ratón mordiéndole
el dedo gordo, dio un grito de terror:

—¡ARRRRRRRRRRRRG!

El ratón se quedó más helado
de lo que ya estaba y se escondió
bajo el edredón.

—¡Ay, ratón! —le dijo la R—.
¡Me has dado un buen mordisco!
Si tenías hambre..., ¡haberlo dicho!

Entonces la R se levantó, dio de comer al ratón y le dejó dormir bajo el edredón.

Rr

Ahora, la R roquera
y el ratón
se han hecho
tan amigos...
¡que tocan juntos
en la banda
de rock!

Rr

A B C Ch D
E F G H I J K
L Ll M N Ñ
O P Q R **S** T
U V W X Y Z

Súper S

¡Atención! ¿Qué es eso
que se acerca por el aire?

¡Es Súper S!

¡Una superletra
con poderes especiales!

Ss

Como Súper S
parece un gancho, se engancha
donde quiere, y además
se encoge, se estira
y salta como un muelle.

Hoy, la misión de Súper S es salvar el mundo del malvado Señor Sucio.

¡El Señor Sucio ha llenado su nave espacial de basura y piensa soltarla sobre la Tierra para que esté muy sucia!

Súper S coge un gran saco y vuela a toda prisa hacia el espacio.

Ss

Los ayudantes del Señor Sucio le tiran latas..., ¡pero Súper S saca su escudo para esquivarlas!

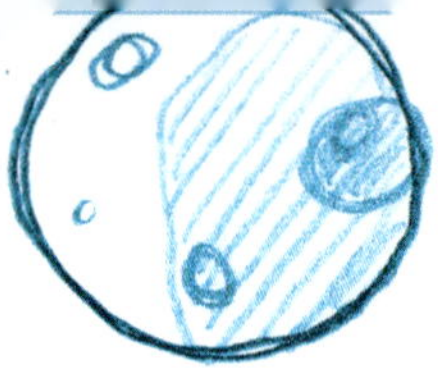

También le disparan chorros de agua sucia y asquerosa...

¡Pero Súper S tiene un traje especial que jamás se moja!

Cuando Súper S y su enemigo
se enfrentan cara a cara,
¡el Señor Sucio le lanza huevos
podridos y mondas de patatas!

Entonces Súper S saca su arma
secreta...

¡El Súper Limpiatodo Especial!

Y solo con verlo... ¡el malvado Señor Sucio se rinde sin rechistar!

Súper S mete toda la basura
en su gran saco y la lleva
a reciclar.

¡Así la Tierra
no se ensuciará!

¡Bravo, Súper S!

¡Eres una superletra genial!

A B C Ch D
E F G H I J K
L Ll M N Ñ
O P Q R S T
U V W X Y Z

El triunfo de la T

La letra T es como un palito con sombrero... ¡y también es la tenista más fantástica del mundo entero!

Tt

Hoy está jugando la final de un torneo contra otro gran tenista: el tigre Tato.

¡El encuentro va a ser muy emocionante!

Tt

—¡TOING! —golpea la pelota la T.

—¡TOING! —se la devuelve el tigre Tato.

Después de tres horas de partido,
la T y el tigre Tato están empatados.

¡Ahora están jugando el desempate!

Tt

—¡TOING! —golpea fuerte la T.

—¡TOING! —tira una pelota alta
el tigre Tato.

La T se estira y salta, pero...
¡ay, qué mala suerte!
¡Se le ha desatado una zapatilla!

Tt

¡PATAPLOF!

La T tropieza y cae en mitad
de la pista.

La pelota viene por el cielo,
y la T, todavía en el suelo,
lanza su raqueta
hacia arriba...

—¡TOING!

Tt

—¡TOING! —golpea fuerte la T.

—¡TOING! —tira una pelota alta el tigre Tato.

La T se estira y salta, pero...
¡ay, qué mala suerte!
¡Se le ha desatado una zapatilla!

¡PATAPLOF!

La T tropieza y cae en mitad de la pista.

La pelota viene por el cielo,
y la T, todavía en el suelo,
lanza su raqueta
hacia arriba...

—¡TOING!

T t

¡Vaya punto más alucinante!
¡La T ha devuelto la pelota!

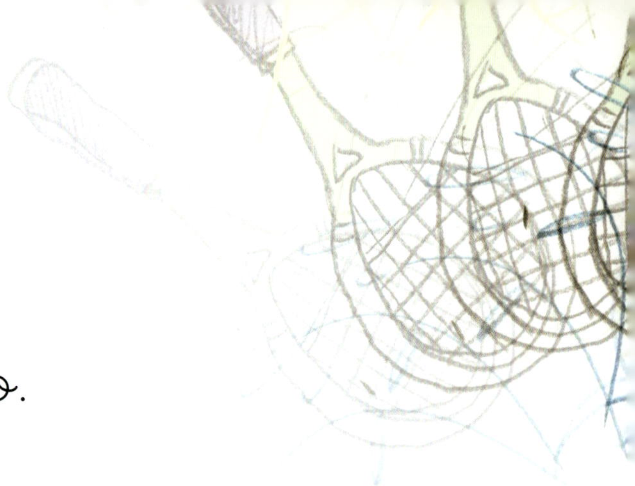

El pobre tigre Tato
se ha quedado patitieso.

¡Hurra por la T,
la artista de la pista!

¡Ha ganado el torneo!

Tt

A B C Ch D

E F G H I J K

L Ll M N Ñ

O P Q R S T

U V W X Y Z

El susto de la U

La letra U es una duquesa
muy valiente.

¡Tiene forma de herradura,
que da buena suerte!

Uu

La duquesa U presume
de que nada la asusta,
y para demostrarlo...,
¡se va a pasar una noche
en un castillo embrujado!

Un fantasma le hace:

—¡Uuuuuuh!

Y la duquesa U le contesta
muy tranquila:

—¡Tururúúúú!

Uu

Una bruja sale de la chimenea del salón.

—¡Huy! ¿Pero cuántas verrugas tienes tú? —le pregunta la duquesa U.

Uu

Para prepararse la cena,
la duquesa U pone
al fuego un puchero...
¡y un espíritu sale
de dentro!

Uu

—¡Eh, tú, no huyas, que tengo mucha hambre! —y la duquesa U se lo zampa al instante.

La duquesa U se acuesta en un gran cuarto del castillo embrujado.

Tiene mucho sueño y está muy cansada..., ¡pero un monstruo peludo se pasa la noche gruñendo debajo de su cama!

Uu

—¡Uf! ¡He dormido fatal! —dice la duquesa U al despertar—. Me voy a duchar.

Y cuando abre el grifo de la ducha...

—¡AÚÚÚÚÚÚÚÚ! —aúlla la duquesa U.

¡El agua está tan fría que se ha llevado el primer susto de su vida!

Uu

V

A B C Ch D
E F G H I J K
L Ll M N Ñ
O P Q R S T
U V W X Y Z

La V viajera

La letra V tiene forma de pájaro volando... ¡y se pasa la vida viajando!

Con su avioneta ha dado varias vueltas a la Tierra, desde Venecia hasta Venezuela.

Vv

La V es tan atrevida
que vuela justo
sobre los volcanes
y da volteretas
sobre los
valles.

Vv

¡Ahí va, volando
a toda velocidad!

¡Ni siquiera el viento
la puede alcanzar!

La V vuela muy cerca
de su casa para que sus
vecinos la vean desde
las ventanas.

Vv

—¡Cuidado, V! —le advierte una vaca al verla volar a tanta velocidad.

Pero el aviso llega tarde...

La V no ha visto que en el tejado
de su casa hay una veleta...
¡y choca contra ella!

¡CATACROC! ¡Vaya galleta!

Su avioneta está destrozada...
¡y la V se ha quedado colgada!

Vv

—¡Por favor, que alguien me ayude a bajar de esta veleta! —pide a voces la V, aterrorizada.

El viento avisa a varios cuervos y entre todos bajan a la V hasta el suelo.

Vv

Vv

—¡Qué miedo he pasado! —dice la V, todavía temblando—. A partir de ahora... ¡volaré más despacio!

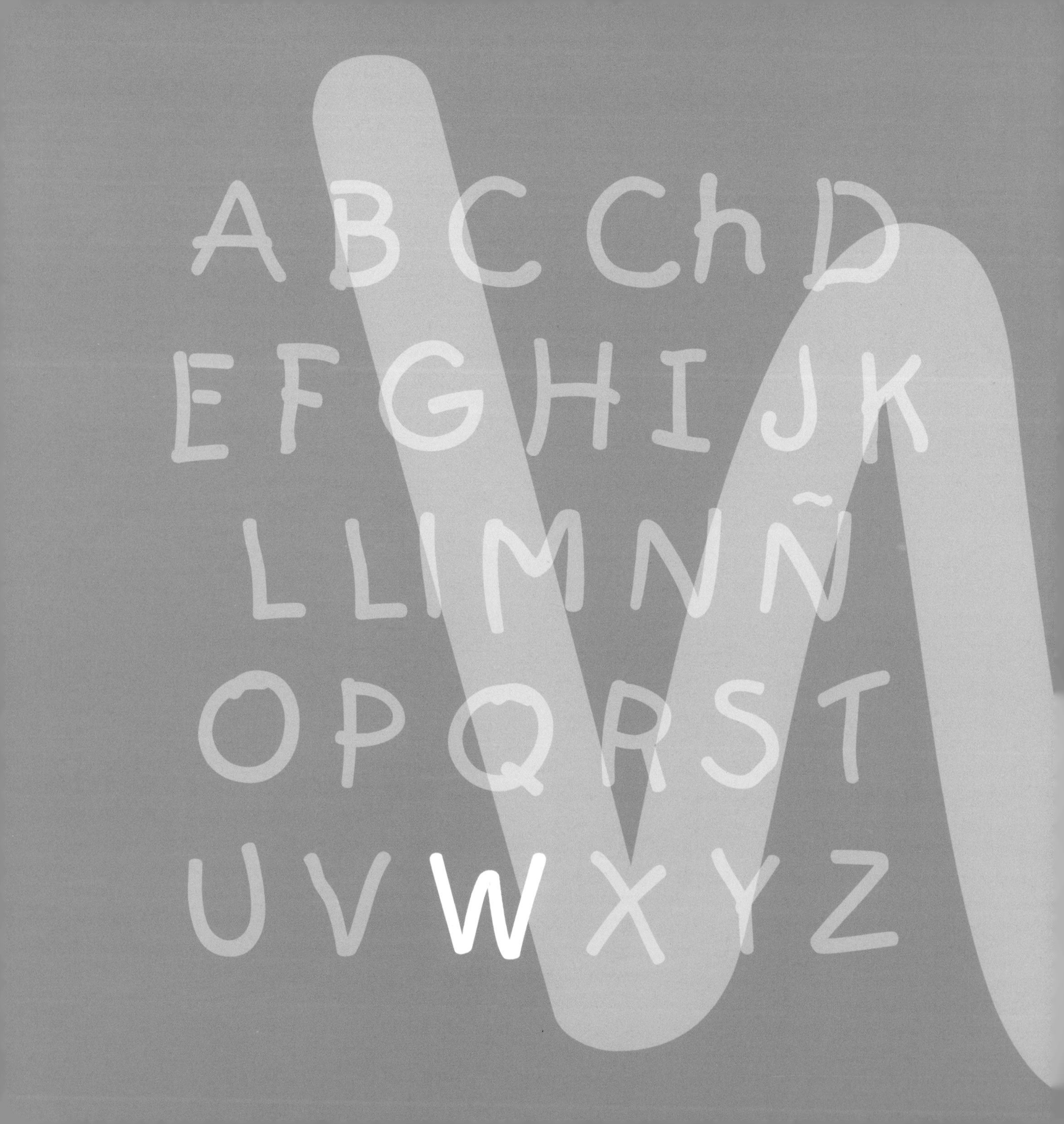
A B C Ch D
E F G H I J K
L Ll M N Ñ
O P Q R S T
U V W X Y Z

Ww

La W y el windsurf

La letra W parece una M puesta del revés, y sirve para escribir muchas palabras en inglés.

También es muy deportista. ¡Sobre todo es una gran windsurfista!

Ww

La W coge su tabla y se va a hacer windsurf a la playa.

Al llegar ve a su amigo el kiwi Walter, que ya se ha metido en el mar.

—¡Hola, W! —saluda el kiwi a su amiga.

—¡Hola, Walter! —dice la W—. ¿Qué tal día hace para el windsurf?

—¡Ven al agua y compruébalo tú!
—le contesta el kiwi Walter mientras
coge una ola muy grande.

Ww

Con su tabla de windsurf y la fuerza del viento, ¡la W da unos saltos tremendos!

—¡Genial, W! ¡Eres la mejor windsurfista del mundo!
—la felicita el kiwi Walter.

Ww

Pero de pronto
se forma una ola enorme...
¡que envuelve como un
sándwich al kiwi y a la W!

¡Las tablas de windsurf salen disparadas y la ola los arrastra hasta la playa!

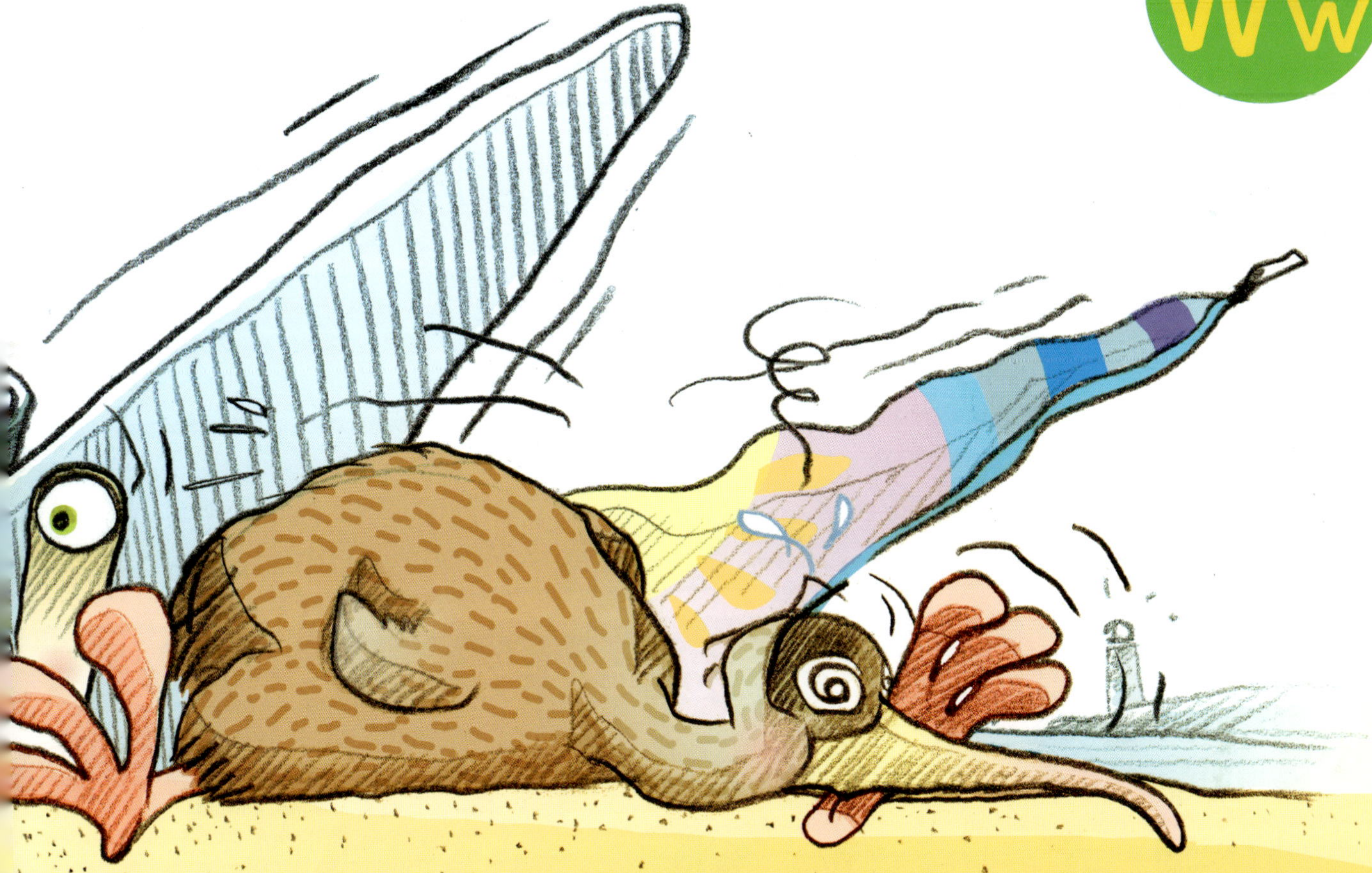

—¡Cof, cof! —tosen la W y el kiwi Walter, medio ahogados. ¡Menudo susto se han llevado!

A partir de hoy, la W y el kiwi Walter cambiarán el windsurf por el waterpolo...

Ww

¡... que es un deporte menos peligroso!

A B C Ch D
E F G H I J K
L Ll M N Ñ
O P Q R S T
U V W X Y Z

El extraño caso de la X

La agente secreta X
todo lo investiga.

Tiene forma de aspa...

Xx

¡... y es una letra extralista!

Esta mañana, al ir a desayunar,
ha pasado una cosa muy extraña...

¡Ha desaparecido el exprimidor
de naranjas!

—¡Tendré que examinar toda la casa! —dice la agente secreta X, poniéndose las gafas.

La agente secreta X mira por todos lados con extraordinaria atención.

Busca detrás del extintor..., pero no está el exprimidor.

Mira bajo el sombrero mexicano..., pero no hay nada extraño.

Rebusca dentro
de los guantes
de boxeo..., pero
ni rastro.

—¿Se lo habrá llevado algún extraterrestre? —se pregunta mientras sigue buscando debajo del xilófono, dentro del saxofón...

Xx

—¡Es extraordinario que se haya perdido un exprimidor! —exclama la agente secreta X.

De repente, llaman a la puerta.

—¡Qué extraño! ¿Quién será tan temprano? —se pregunta la agente secreta X, y va a abrir enseguida.

Xx

¡Es su vecino el taxista!

—Vengo a devolverte el exprimidor que me dejaste ayer —le dice el taxista.

—¡Excelente! —exclama la agente secreta X—. ¡Ya no me acordaba y lo he buscado por toda la casa!

Y la agente secreta X y el taxista se preparan un exquisito zumo de naranja.

Xx

A B C Ch D

E F G H I J K

L Ll M N Ñ

O P Q R S T

U V W X Y Z

El yoyó de la Y

La letra Y tiene forma
de tirachinas y hace yoga
todos los días.

Yy
!!
iiooOMMMMM!!

Hoy desayuna un yogur
y una yema de huevo y se va
al parque con su yoyó nuevo.
¡Se lo compró ayer y está
deseando jugar con él!

Y y

La Y sube y baja su yoyó
una y otra vez.

Una yegua le dice:

—¡Qué bien manejas el yoyó!
¿Me lo dejas?

—¡Huy, no! —le contesta la Y.

Yy
¡Con mi yoyó solo juego yo!

Un payaso le dice:

—¡Me encanta tu yoyó! ¿Me lo dejas?

—¡Huy, no! —le contesta la Y.

Un buey le dice:

—¡Vaya yoyó más chulo! ¿Me lo dejas?

—¡Huy, no! —le contesta la Y.

De pronto, la cuerda del yoyó se enreda y… ¡la Y tropieza y se cae de cabeza!

—¡Ay, ay, ayyy! —se queja.

La yegua, el payaso y el buey
corren a ayudarla y la Y se levanta
muy avergonzada.

—¿Y si compartimos el yoyó? —les dice la Y a sus tres nuevos amigos—. Si jugamos juntos... ¡será más divertido!

Yy

A B C Ch D

E F G H I J K

L Ll M N Ñ

O P Q R S T

U V W X Y Z

Zz

Los zapatos de la Z

La letra Z es zapatera.

Tiene forma de rayo, y es rápida
como una centella haciendo zapatos.

Todos los días, la Z desayuna
un zumo de zanahoria
y manzana, que da
mucha fuerza.

Zz

Su amigo Zap, el ciempiés, ha venido hoy a su taller:

—Me caso mañana a las diez y necesito zapatos nuevos para todos mis pies.

—¡¿Cien zapatos?! —exclama la Z.

—Y con lazos azules, si puede ser —le pide Zap el ciempiés.

Zz

La Z se pone manos a la obra:
corta que corta, cose que cose,
hace agujeros, pone cordones...

Al hacerse de noche,
la Z enciende la luz
de su taller...

Zz

... Y cuando termina el zapato noventa y nueve...

—¡ZZZZZZZZZZZZZZZZ!

¡La Z se queda dormida
sin querer!

Zz

Por la mañana, aparece
Zap el ciempiés.

La Z se despierta
y le explica,
avergonzada:

—Lo siento,
pero me falta
un zapato
para los cien.

Zz

—Pues me pongo otra cosa
en ese pie... —dice Zap—,
¡que me caso a las diez!

La Z encuentra una
zapatilla para el ciempiés...

¡... y Zap la invita a su boda
por haberle tratado tan bien!

Zz

1.ª edición: 2010
8.ª edición: 2016

Juan Ignacio Luca de Tena, 15
28027 Madrid

Dirección del Proyecto Editorial: Trini Marull
Dirección Editorial: Isabel Carril
Edición: Cristina González
Diseño de cubierta: believe
Diseño de interiores: M.ª Luisa Torcida
Preimpresión: Equipo Bruño

ISBN: 978-84-216-8512-9
D. legal: M-3211-2011
Printed in Spain

www.brunolibros.es

Hip